Meinem Tübinger Lehrer
Konrad Gaiser
(1929-1988)

©2017 Annrose Niem. Herausgeber: Stadtmuseum Quakenbrück e. V.
Herstellung und Verlag: BoD – Books on Demand, Norderstedt
ISBN: 978-3-7431-6395-9

Annrose Niem

Platonische Liebe
Ein Gang durch Platons Symposion

Ein Vortrag im Stadtmuseum Quakenbrück

(12. Januar 2017)

Vorwort

Zum neunten Mal entführte Frau Dr. Niem die zahlreichen Gäste des Fördervereins Stadtmuseum Quakenbrück in die Welt der Antike. Bei aller wissenschaftlichen Exaktheit hat sie es wieder geschafft, die Zuhörer zu fesseln und in das Werk Platons einzuführen.

Es wurde sehr begrüßt, dass der jeweilige Vortrag nachträglich in einer Broschüre, wie sie hier vorliegt, erscheint und somit die Möglichkeit gegeben wird, das Gehörte noch einmal in Ruhe nachzulesen.

Inzwischen wurde diese Vortragsreihe beim Niedersächsischen Altphilologenverband zu einer bekannten Größe. Deren jüngste Veröffentlichung befasst sich mit Dr. Niem und ihren Aktivitäten: Sie eröffne einen lebendigen Zugang zur Welt der Antike.

Hier wird die jahrtausendealte Literatur nicht mehr als fremdartig empfunden, sie verdeutlicht vielmehr, dass Grundfragen der menschlichen Existenz überzeitlich sind und Sachverhalte aus dem Bereich der griechisch-römischen Antike durchaus mit Fragen unserer Zeit verglichen werden können.

Wörtlich heißt es dort: „In allen Publikationen gelingt es Annrose Niem, nicht nur ein literarisch interessiertes Publikum anzusprechen. Trotz der Darstellungsbreite und der thematischen Vielfalt bleibt der jeweilige zentrale Leitgedanke erhalten. An den Leser werden in unterhaltsamer Weise überzeitlich gültige Themen herangetragen."

Das geschieht auch in dieser Schrift, die uns in die Wende vom 5. zum 4. vorchristlichen Jahrhundert führt. In Platons Symposion halten die Teilnehmer aus unterschiedlichen Perspektiven jeweils eine Rede auf den Liebesgott Eros. Erstaunliche Sichtweisen und überraschende Gesprächswendungen lassen die spannende Zeremonie in ganz unvorhergesehene platonische und erotische Tiefen geraten.

Quakenbrück, im Januar 2017 Heinrich Böning
Stadtmuseum Quakenbrück

Nachdem ich Sie in den beiden letzten Vorträgen über das Orakel in Delphi und den pseudohomerischen *Frosch-Mäuse-Krieg* in ganz frühe Zeiten des griechischen Altertums mitgenommen habe, kehre ich nun ins 5. bzw. ins 4. Jahrhundert vor Christus zurück, in die Zeit der griechischen Philosophen Sokrates und Platon. Von ihnen handelten auch meine Vorträge über Atlantis (2012), über das sokratische Nichtwissen (2013) und über Gerechtigkeit in Platons *Staat* (2014).

Heute soll es nun um ein Werk Platons gehen, das in vielerlei Hinsicht aus dem Rahmen fällt, das *Symposion*, übersetzt das Trinkgelage oder auch das Gastmahl.

Bevor ich es Ihnen vorstelle, will ich Ihnen noch einmal das Wichtigste zu Sokrates und Platon ins Gedächtnis zurückrufen:

Platon lebte von 427 bis 347 vor Christus in Athen und stammte aus einer alten aristokratischen Familie. Durch diese Herkunft war er eigentlich dazu prädestiniert, einmal in die Politik zu gehen. Doch er lernte in seiner Jugend den Philosophen Sokrates kennen, der sein ganzes Leben der Suche nach der Wahrheit verschrieben hatte. Besonders die Jugend wollte er in ausgiebigen Gesprächen zum Philosophieren und damit zur Wahrheitssuche animieren. Im Jahr 399 v. Chr. wurde er hingerichtet mit der Begründung, er verderbe die Jugend und glaube nicht an die vom Staat anerkannten Götter. Obwohl diese Begründung in keiner Weise den Tatsachen entsprach und Sokrates sich seiner Unschuld bewusst war, nahm er das Urteil ergeben hin, nicht jedoch ohne vorher in einer Verteidigungsrede vor Gericht den wahren Sachverhalt zu klären. Auch Platon, der, von Sokrates höchst beeindruckt, eine politische Laufbahn aufgegeben hatte und sich seither nur noch mit Philosophie befasste, war in dieser Gerichtsverhandlung zugegen; er lässt uns in seinem

Frühwerk *Apologie des Sokrates* an diesem Prozess Anteil nehmen. Sokrates selbst hat nämlich nichts Schriftliches hinterlassen. In der Folge verfasste Platon ca. 30 philosophische Dialoge, die von Themen handeln, die auch Sokrates bewegt hatten. Welches waren nun diese Themen? Obwohl wir über Sokrates nicht viel Authentisches wissen, steht fest, dass er in der Philosophie seiner Zeit eine bedeutende Wende herbeigeführt hat. Das kann man daran ablesen, dass die Philosophen, die vor seiner Zeit wirkten, bis heute *Vorsokratiker* genannt werden. Sie hatten sich vor allen Dingen mit Natur und Kosmos und ihrem Entstehen befasst, während Sokrates die Philosophie „vom Himmel herabholte", wie es der Römer Cicero einige Jahrhunderte später ausdrückte. Von da an beschäftigte man sich in erster Linie mit Problemen der Lebenspraxis, mit den Problemen also, die den Menschen und sein soziales Umfeld betreffen.

Damit befassten sich allerdings auch die Sophisten, die sich zur selben Zeit als Weisheitslehrer etabliert hatten. Sie zogen umher und unterrichteten gegen ein hohes Honorar hauptsächlich die Söhne aus vornehmen Elternhäusern, denen sie neben enzyklopädischem Wissen besonders auch rhetorische Kenntnisse vermittelten, um sie damit auf eine politische Karriere vorzubereiten. Unrecht könne man durch geschliffene Rhetorik in Recht umwandeln, brachten sie ihren Schülern bei. – Augenscheinlich hatten das auch die Richter, die Sokrates zum Tode verurteilten, von ihnen gelernt. –

Das Lob, diesen Standpunkt mit allen Kräften bekämpft und überwunden zu haben, gebührt Sokrates: Er versuchte unermüdlich – und kostenlos – davon zu überzeugen, dass es das Wichtigste im Leben sei, für die Gesundheit seiner Seele zu sorgen. Dabei trat er immer sehr bescheiden auf. Seine Gespräche waren Frage- und Antwortspiele, in denen er seinen eigenen Part mit dem einer Hebamme verglich, die selber nichts hervorbringt, sondern nur das in einem anderen bereits Vorhandene ans Tageslicht bringt. In diesem Sinne spricht Sokrates auch davon, dass er selbst nichts wisse und sich dessen auch bewusst sei.

Dies alles erfahren wir in den Werken Platons. In seinen frühen Werken überzeugt Sokrates meistens Gesprächspartner, die genau über eine Sache Bescheid zu wissen glauben, davon, dass es sich bei ihrem – oft sehr forsch vorgetragenen – Wissen nur um Scheinwissen handelt. In diesen Gesprächen geht es meist um Begriffsbestimmungen und Definitionen von Wertbegriffen wie Tapferkeit, Gerechtigkeit, Besonnenheit, Frömmigkeit oder Freundschaft.

Wir erfahren bei Platon nicht nur von den Inhalten, die Sokrates beschäftigten, sondern auch von seiner Art, mit Menschen umzugehen. Auf Grund seiner plastischen Darstellungsweise lernen wir so auch den Menschen Sokrates kennen, seine Art zu fragen und die Entschiedenheit seines Ringens um die Wahrheit.

Das *Symposion*, um das es heute gehen soll, gehört der mittleren Phase von Platons Schaffen an. Sein Entstehen fällt in dieselbe Zeit wie der *Phaidon*, in dem uns vorgeführt wird, wie Sokrates noch in seiner Todesstunde mit seinen Anhängern und Freunden über die Unsterblichkeit der Seele diskutiert. Zu seinen Anhängern gehört dort auch Apollodor, der in der Todesstunde des Sokrates besonders untröstlich gewesen sein soll.

Dieser Apollodor begegnet uns auch in der Rahmenhandlung des *Symposion*: Er wird von Bekannten nach dem Verlauf eines Gastmahls befragt, auf dem sich Sokrates mit einigen seiner Anhänger über „Liebesdinge" unterhalten haben soll. Apollodor erwidert, dass er vor Kurzem gerade von Platons Bruder Glaukon nach demselben Ereignis gefragt wurde und deshalb gut auf die Antwort vorbereitet sei. Das Gespräch mit Sokrates soll einen Tag nach dem Tragödiensieg des jungen Dichters Agathon stattgefunden haben. Dieser habe nämlich aus Anlass seines Sieges neben anderen auch Sokrates zu einem Gastmahl eingeladen.

Ob dieses Gastmahl wirklich stattgefunden hat, wissen wir nicht. Doch es steht fest, dass der Dichter Agathon im Jahre 416 vor Christus im Theateragon gesiegt hat. Das wäre etwa 15 Jahre vor dem Tod des Sokrates gewesen. Der befragte Apollodor war zu diesem Zeitpunkt noch ein Kind, kann also nicht selbst daran teilgenommen haben.

Sein Gewährsmann ist Aristodem, Anhänger des Sokrates wie Apollodor selbst. Aristodem war von Sokrates auf dem Weg zum Gastmahl aufgefordert worden, ihn dorthin zu begleiten. Doch hören wir nun selbst, was er zu berichten hat:

Aristodem trifft Sokrates, der wider seine sonstige Gewohnheit fein zurechtgemacht ist: Gebadet hat er offensichtlich und zur Feier des Tages sogar Schuhe angezogen. So drängt sich dem Berichterstatter die Frage auf, wohin er denn gehen wolle. Er erfährt, dass Sokrates beim Tragödiendichter Agathon einen Tag nach dessen Siegesfeier zum Mahl eingeladen worden sei; denn am Tag der Feier selbst sei er aus Scheu vor der Menge nicht dabei gewesen.

Sokrates überredet Aristodem dazu, ungeladen mit ihm zum Mahl zu gehen. Doch er selbst bleibt mitten im Gespräch auf dem Weg stehen und fordert seinen Begleiter auf, doch schon vorzugehen. So kommt Aristodem schließlich ohne Sokrates beim Haus des Agathon an und wird dort zu seinem Erstaunen von einem Sklaven herzlich willkommen geheißen. Es sei schön, dass er da sei; man habe ihn nämlich am Vortag nicht angetroffen, als man auch ihn habe einladen wollen. Gleichzeitig wundert man sich über das Ausbleiben des Sokrates. Ein Sklave, den man nach ihm ausschickt, sieht ihn schließlich im Vorgarten des Nachbarn stehen; auf sein Rufen, er möge doch hereinkommen, reagiert er allerdings nicht. Mehrmals will man dann noch nach ihm schicken; aber Aristodem rät jedes Mal davon ab: Er kannte nämlich die Gewohnheit seines Meisters, jedem wichtigen Gedanken dort nachzugehen, wo er sich gerade befand.

So beginnt man ohne Sokrates, der schließlich kommt, als man schon bald mit dem Essen fertig ist. Er wird neben den Gastgeber platziert, der bis dahin allein auf einer Liege gelegen hatte. – Sie wissen ja sicher, dass Griechen und Römer nicht wie wir zu Tische saßen, sondern auf den linken Arm gestützt auf einer Liege, einer sogenannten Kline, halb liegend dinierten.

Nach der Mahlzeit bringt man – wie üblich – ein Trankopfer dar und singt eine Hymne auf den Gott Dionysos. Danach will man mit dem Trinken beginnen. Doch einer der Gäste gibt zu bedenken, dass man schon am Vortag kräftig dem Wein zugesprochen habe und er – wie die anderen sicher auch – noch ganz krank davon sei. Man einigt sich also darauf, nur mäßig zu trinken und den Abend mit Gesprächen zu gestalten. Eine Flötenspielerin, die gerade eingetreten war, um die Gäste zu erfreuen, wolle man lieber wieder wegschicken. Sie solle die Frauen drinnen mit ihrem Spiel erfreuen. –

So erfahren wir am Rande, dass es bei den Griechen zur Zeit Platons nicht üblich war, Frauen zu Gastmahl und Symposion zuzulassen. Dazu später Genaueres.

Der Reihe nach soll nun jeder eine Rede auf den Liebesgott Eros halten, dem – wie man feststellt – im Verhältnis zu seinen Diensten für die Menschheit viel zu wenig Ehre entgegengebracht werde. Auch Sokrates stimmt diesem Vorschlag zu; denn er verstehe sich auf nichts besser als auf „Liebesdinge". Er fürchte nur, dass er, weil er der Letzte in der Reihe der Vortragenden sei, nichts Neues mehr werde beitragen können; denn seine Vorredner hätten dann sicher schon alles Wichtige gesagt.

Der Berichterstatter führt uns im Folgenden fünf Reden über Eros vor, die er von den gehaltenen für die wichtigsten hält, bevor Sokrates selbst zu Wort kommt. Sie alle enthalten etwas, was dann anschließend Sokrates in seinen Beitrag aufnehmen wird. Es beginnt der junge Phaidros. Durch ihn war der Arzt Eryximachos auf das

Thema „Eros" hingewiesen worden. Die beiden sind nämlich ein Liebespaar.

Doch bevor ich Ihnen das Wichtigste aus den Reden der Gäste vorstelle, muss ich Grundlegendes klären, ohne das man alles Folgende nicht richtig verstehen könnte: Ehefrauen waren – wie wir schon festgestellt hatten – nicht zum Gastmahl zugelassen. Anders als noch in homerischer Zeit oder gar bei den Römern spielten sie zu Platons Zeit keine Rolle in der Öffentlichkeit. Ihre Aufgabe war es, in aller Stille im Hause zu wirken, dem Hausherrn die Nachkommen zu gebären und sie aufzuziehen. Die Ehe setzte keine gefühlsmäßige Bindung voraus, sondern war mehr oder weniger nur Wirtschafts- und Solidargemeinschaft.

Die einzigen Frauen, die im gesellschaftlichen Leben eine Rolle spielten, waren die Hetären, die griechischen Prostituierten. Auch die Flötenspielerin, die man von der Unterhaltung der Männer freigestellt hatte, war eine von ihnen. Diese Frauen waren zum Teil sehr gebildet, während man bei den Ehefrauen keinen besonderen Wert auf Bildung legte. Die Prostituierten fungierten als Regulativ: Durch sie wurden Jugendliche und andere Heißsporne von den bürgerlichen Mädchen und den Ehefrauen ferngehalten. Sie bildeten so einen Beitrag zur Aufrechterhaltung der sozialen Ordnung.

Ebenso akzeptiert war die Knabenliebe, die sogenannte Päderastie. Sie ist nicht der Homosexualität im heutigen Sinne gleichzusetzen. Die Knabenliebe beruhte auf der Liebe eines erwachsenen Mannes zu einem halbwüchsigen Knaben, der sich von seinem angehenden Liebhaber lange umwerben lassen musste, bevor er sich schließlich einverstanden erklärte. Das gehörte zum guten Ton. Anderenfalls hätte man auch von ihm als einem Prostituierten gesprochen.

Der Liebhaber war meistens ein Mentor für den Jungen, der ihm eine gute Erziehung angedeihen ließ. Zur Knabenliebe gehörten auch sexuelle Kontakte, die aber eine sekundäre Rolle spielten. Die Liebe eines Mannes zu einem Halbwüchsigen galt als die wahre Liebe; denn nur für diese Beziehung war in dieser Zeit eine geistig-seelische Verbundenheit der beiden Partner unabdingbar.

Doch kehren wir nun zum Gelage zurück: Die erste Rede auf den Eros hält Phaidros, der Geliebte des Arztes Eryximachos, der später auch selbst zu Wort kommen wird. Phaidros sagt Folgendes über den Gott:

Eros ist der älteste und damit der ehrwürdigste Gott. Er ist gleich nach der Erde entstanden und hatte keine Eltern. Er ist Ursache für die größten Güter; denn es gibt für einen jungen Menschen nichts Besseres als einen Liebhaber und für den Liebhaber nichts Besseres als einen Geliebten:

Ohne Liebe werden keine großen Taten vollbracht; denn vor keinem schämt man sich einer schlechten Tat wegen mehr als vor dem Geliebten oder dem Liebhaber. Von keinem möchte man sich eher wegen einer großen Tat loben lassen. Eine Schar, die von Liebe beseelt ist, könnte selbst ein großes Heer besiegen. Liebende sterben sogar füreinander. – Dafür nennt Phaidros Beispiele aus Mythos und Literatur. – Achill wurde von den Göttern sogar auf die Inseln der Seligen geschickt, weil er für seinen Liebhaber Patroklos starb. Das ist höher zu bewerten als umgekehrt; denn der Liebhaber ist mehr vom Gott erfüllt als der Geliebte. So weit die Rede des Phaidros.

Nach mehreren anderen Reden, die der Berichterstatter übergeht, habe dann Pausanias, der Partner des Gastgebers Agathon, gesprochen: Pausanias unterscheidet zwei Arten des Eros, die himmlische und die irdische. Die von der himmlischen Liebe Inspirierten wenden sich eher Männern als Frauen zu. Außerdem bevorzugen sie ältere Jugendliche, deren Verstand schon ausgebildet ist. Die Liebe zu ihnen kann ein ganzes Leben bestehen. Sie sind mehr auf die Seele als auf den Körper ausgerichtet. In Athen gilt der Brauch, einen Liebesdienst dann nicht als schändlich zu verachten, wenn er mit dem Wunsch verbunden ist, durch den anderen besser gemacht zu werden.

Nach dieser zweiten Rede folgt ein kleines Zwischengeplänkel: Aristophanes, der große Komödiendichter, der – wie wir jetzt erfahren – auch unter den Gästen ist, wird von einem heftigen Schluckauf befallen und bittet den Arzt Eryximachos, statt seiner als nächster zu reden. Vorher möge er ihm aber erst einmal ein Mittel gegen den Schluckauf nennen. Eryximachos nennt ihm gleich mehrere Mittel, deren stärkstes es ist, die Nase zu einem Niesen zu reizen. Er erklärt sich bereit, nun vor Aristophanes zu reden:

Dadurch dass Eryximachos den Liebesgott von der medizinischen Seite her betrachtet, erfährt das Thema einerseits eine Verengung, andererseits wird es so in den Bereich der Naturwissenschaften und sogar in den der Transzendenz ausgeweitet. Er will den seiner Meinung nach richtigen Anfang der Rede des Pausanias ergänzen und sie dann zu Ende führen. Mit Begeisterung nimmt er die vom Vorredner ins Spiel gebrachte Aufteilung in einen guten und einen schlechten Eros auf. Sein Schlussfazit der im Ganzen recht langen Rede lautet (188d4ff.):

Eine allumfassende Macht hat Eros in seiner Gesamtheit; der gute Eros aber, der sich in der besonnenen und gerechten Bemühung um das Gute zeigt, hat sowohl bei den Menschen als auch bei den Göttern die meiste Gewalt und bereitet uns dadurch Glückseligkeit, dass wir durch ihn sowohl miteinander als auch mit den Göttern umgehen und befreundet sein können.

Eryximachos fordert nun den Komödiendichter Aristophanes auf, der seinen Schluckauf inzwischen mit einem kräftigen Niesen beendet hat, eventuell von ihm Ausgelassenes in seiner Rede zu ergänzen. Gleichzeitig droht der Arzt dem Dichter, der ja nun an der Reihe ist, scherzhaft an, seine Rede zu überwachen; denn er fürchtet, dass Aristophanes nur Lachhaftes bringen könnte. Doch an dessen Erwiderung kann man sehen, dass seine Rede völlig ernst gemeint sein soll. Er sagt: Etwas, was Lachen errege, sei zwar positiv und seinem Metier entsprechend; er fürchte sich allerdings selbst davor, Lächerliches zu sagen. Allerdings werde er auf ganz andere Weise an das Thema herangehen als seine Vorredner. Er glaube nämlich, dass die Menschheit die Bedeutung ihres größten Helfers und Arztes – so nennt er den Liebesgott – noch nicht richtig erkannt habe. Zu dem Zweck, den Eros vor dem Menschen ins rechte Licht zu setzen, erfindet Aristophanes einen Mythos, den ich Ihnen in seiner Ganzheit vorstellen will. Er sagt:

In alter Zeit war die menschliche Natur ganz anders als jetzt: Es gab nicht zwei, sondern drei Geschlechter; außer dem männlichen und dem weiblichen das mann-weibliche. Das männliche stammte von der Sonne, das weibliche von der Erde und das mann-weibliche vom Mond ab. So hatten die Menschen – wie ihre Ahnen – einen kugelrunden Körper, auf dem auf rundem Hals ein kugelrunder Kopf thronte. An diesem Kopf befanden sich vier Ohren und entgegengesetzt zwei Gesichter. Die Menschen hatten acht Gliedmaßen: vier Arme und vier Beine. Normalerweise liefen sie aufrecht; doch wenn sie möglichst schnell vorankommen wollten, schlugen sie mit ihren vielen Gliedern gleichsam Rad. So kamen sie in rasender Geschwindigkeit voran; auch sonst waren sie sehr stark, so dass sie schließlich auf den Gedanken kamen, sich Zugang zum Himmel zu verschaffen und die Götter anzugreifen.

Die Götter fühlten sich ernsthaft bedroht und hielten Rat. Töten wollten sie die Menschen nicht – wie sie es in ähnlicher Situation einst mit den Giganten getan hatten –, denn damit hätten sie sich nur selbst geschadet: Sie hätten von den Menschen keine Opfer mehr dargebracht bekommen. So kommt Zeus auf die Idee, sie in der Mitte durchzuteilen, damit sie schwächer würden und sich gleichzeitig ihre Zahl verdopple, so dass die Götter noch mehr Nutzen von ihnen erführen. Gesagt, getan: Zeus teilt sie der Länge nach durch und bittet seinen Sohn Apoll, der ja auch Heilgott war, das Gesicht und den halben Hals zur Schnittfläche zu kehren, so dass der Mensch ständig an seine Teilung gemahnt und dadurch gefügiger werde. Denn für den Fall weiterer Eskapaden hatte Zeus den Menschen angedroht, sie noch einmal durchzuteilen, so dass sie sich nur noch auf einem Bein – hüpfend – fortbewegen könnten. Apoll dreht also die Gesichter nach innen und zieht die Haut des Körpers über der Schnittstelle zusammen. Mitten auf dem Bauch bindet er sie – wie einen ledernen Geldbeutel – ab, so dass der Nabel entsteht. Alle Falten glättet er sorgfältig, wie ein Schuster das Leder über dem Leisten.

Doch es kommt anders, als es sich die Götter gedacht hatten (191a5-b5):

Eine jede Menschenhälfte sehnte sich nach der ihr zugehörigen Hälfte und versuchte, mit ihr zusammenzukommen. Und indem sie sich mit den Armen umfassten und einander umschlangen, voller Begierde, zusammenzuwachsen, starben sie infolge von Hunger und Untätigkeit, weil sie nicht bereit waren, irgendetwas getrennt voneinander zu tun; und sooft eine der Hälften starb ..., suchte die übriggebliebene eine andere Hälfte und umschlang sie, ob sie nun der Hälfte einer ehemals ganzen Frau begegnete ... oder der eines Mannes, und so gingen sie zugrunde. Da aber ergriff Zeus Mitleid ...

Der Göttervater verlegt den Menschen nun die Geschlechtsteile nach vorn, so dass sie ineinander zeugen konnten. Traf eine männliche auf eine weibliche Hälfte, konnte sie nun einen Nachkommen in die weibliche Hälfte zeugen; traf sie auf eine männliche Hälfte, erfuhr sie Erfüllung aus der Verbindung und konnte sich danach wieder einer normalen Tätigkeit zuwenden.

So ist Eros schon seit frühesten Zeiten wirksam. Er führt das, was zusammengehört, erneut zusammen und versucht auf diese Weise, die menschliche Natur zu heilen. Generell lässt sich sagen, dass aus dem Geschlecht, das ehemals mann-weiblich war, die hervorgehen, die als Mann eine Frau bzw. als Frau einen Mann lieben. Aus dem ehemals weiblichen Geschlecht gehen die hervor, die sich eher einer Frau als einem Mann in Liebe zuwenden (das ist die einzige bekannte Erwähnung weiblicher Homosexualität in der Antike). Aus dem ehemals männlichen Geschlecht gehen die hervor, die einen Mann bevorzugen. Sie sind die Tapfersten und wenden sich ihrerseits dem männlichen Geschlecht zu. Ehen mit einer Frau gehen diese Männer eher vom Gesetz gezwungen als aus Neigung ein. Sind sie erwachsen geworden, gehen sie als Einzige in die Politik. Meist leben sie unverheiratet.

Alle nun, die auf die zu ihnen passende Hälfte getroffen sind, wollen nicht mehr voneinander lassen. Das tun sie nicht nur aus körperlichem Verlangen; aber sie können auch nicht artikulieren, aus welchem Grund sie sich so nacheinander sehnen. Sie können vielmehr nur ahnen, was sie zueinander zieht (192e9ff.):

Der Grund dafür nämlich ist, dass dies unsere ursprüngliche Natur war und wir ein Ganzes waren; dies Verlangen und Trachten nach dem Ganzen nennt man Eros/Liebe.

Ein jeder soll deshalb selbst danach trachten und alle anderen dazu auffordern, nicht wieder Unrecht zu tun, um nicht erneut von den Göttern durchgeteilt zu werden, sondern vielmehr die zu ihm passende Hälfte zu finden, Eros also zu ihrem Führer zu machen. Die eigene Hälfte wiederzufinden wäre das Beste; das für uns mögliche Beste aber ist es, (193c6ff.):

... einen Geliebten zu finden, der mit uns geistesverwandt ist. Wenn wir also den Gott preisen wollen, der uns das bescheren kann, dürften wir wohl mit Recht Eros preisen, der uns in der Gegenwart größten Nutzen bringt, indem er uns zu dem uns Verwandten führt; auch für die Zukunft lässt er uns hoffen, in die ursprüngliche Natur zurückversetzt und damit glücklich zu werden, wenn wir nur den Göttern Frömmigkeit erweisen.

Alle Anwesenden sind von der Rede des Komödiendichters beeindruckt, und die noch ausstehenden Redner – Agathon und Sokrates – befürchten, nach dieser Rede mit ihren Worten nicht mehr punkten zu können. So ergibt sich ein Geplänkel zwischen Agathon und Sokrates, das Phaidros brüsk beendet; denn er fühlt sich als Urheber des Redewettstreits für dessen ordnungsgemäßen Fortgang verantwortlich. So ist nun Agathon mit seinem Lobpreis auf Eros an der Reihe.

Seiner Rede kann man noch mehr als denen seiner drei Vorredner anmerken, dass er bei den Sophisten in die Lehre gegangen ist. Er legt Wert auf eine sorgfältige Gliederung, baut viele Dichterzitate und Anspielungen auf den allbekannten Mythos ein, er verwendet viele Stilmittel und liebt assoziative Verknüpfungen.

So tadelt er gleich am Anfang, dass seine Vorredner den Eros selbst zu wenig charakterisiert hätten und fast nur auf seine Wirkung auf die Menschen eingegangen seien. Er dagegen wolle – nach den Regeln der Kunst – zunächst den Liebesgott selbst charakterisieren und sich erst dann seiner Wirkung auf die Menschen zuwenden:

Im Gegensatz zu Phaidros ist Eros für Agathon nicht der älteste, sondern der jüngste Gott. Er sei zart, schön und der Glückseligste unter den Göttern. Wäre er der Älteste gewesen, dann wären in der Vorzeit von den Göttern nicht so viele Untaten und Gemetzel begangen worden, wie sie von den Dichtern beschrieben wurden. Weil Eros schön und gut ist, sind bei ihm auch alle Tugenden zu finden, das heißt, er strebt auch selbst nach dem Schönen und Guten. Mit viel Wortgeklingel geht nun Agathon alle Tugenden, also Gerechtigkeit, Besonnenheit, Tapferkeit und Weisheit, durch, die er dem Eros ausnahmslos zuschreibt. Wie oberflächlich und schematisch er das tut, will ich Ihnen hier nur am Beispiel der Weisheit vorführen. Agathons Beweisführung ist folgende:

Alle, die von Eros beherrscht sind, werden zu Dichtern. Also beherrscht auch Eros selbst die Dichtung und alle anderen Künste. Er ist also weise; denn alles, was jemand anderen gibt, das muss er auch selbst besitzen. – Das griechische Wort für Dichtung ist ποίησις (poiesis). Es bezeichnet aber auch in weiterem Sinne alles herstellende Schaffen. So schreibt Agathon klammheimlich dem Eros auch die Erschaffung aller Geschöpfe und die Erfindung sämtlichen Handwerks zu, das durch ihn die anderen Götter erst erlernt hätten.

Zum Schluss seiner Rede kommt Agathon – wie angekündigt – auf die Wirkung des Eros auf die Menschen zu sprechen. Dieser Teil ist viel kürzer als der erste seiner Rede. Durch eine Anhäufung von Gegensätzen und ähnlich klingenden Wörtern (Bsp.: *Er befreit uns von Fremdheit, erfüllt uns mit Vertrautheit; Mildheit verschafft er, Wildheit verjagt er; gern schenkt er Wohlwollen, nicht schenkt er Übelwollen*) unterstreicht er seine Lobesworte auf den Liebesgott. So weiß der Redner das vergleichsweise Wenige durch viel Wortgeklingel eindrucksvoll aufzubauschen.

Agathon schließt mit den Worten (197e6ff.): *Diese Rede, ... die teils Scherz, teils Ernst in Maßen ... enthält, sei dem Gotte geweiht!* Diesen Redeschluss sollte man meiner Ansicht nach nicht nur als so dahingesagt abtun, denn hier bekräftigt der Tragödiendichter Agathon, dass er neben dem Ernsthaften, auf das ja das Hauptaugenmerk der Tragödie gerichtet ist, auch Scherzhaftes, Komisches über den Liebesgott vorgetragen hat. Vielleicht ist das ja ein Rückverweis auf die vorangegangene Rede des Komödiendichters Aristophanes, dessen Rede viel Ernsthaftes, also Tragisches, enthalten hatte. Aristophanes hatte sich ja auch am Anfang dagegen verwahrt, in seiner Rede Lächerliches vorzutragen. So können wir auch hier wieder die Kompositionskunst Platons bewundern: Dadurch, dass er die eigentlich vorgesehene Reihenfolge der Reden durch den Schluckauf des Komödiendichters durcheinanderbringt, werden die Reden des Komödien- und des Tragödiendichters nebeneinandergestellt; andererseits wird die eigentlich beabsichtigte Redeabfolge ins Bewusstsein gerufen, die den originellen Beitrag des Aristophanes in der Mitte zwischen den vier sophistisch beeinflussten Rednern hatte sehen wollen.

Nun ist die Reihe an Sokrates. Er erweist zunächst der Rede des Gastgebers höflich seine Anerkennung: Mit dessen schöner Rede werde er mit seiner nüchternen Art zu sprechen nicht Schritt halten können; denn er denke immer, dass es ausreiche, über einen Gegenstand die Wahrheit zu sagen und sich dabei einer schmucklosen Rede zu bedienen.

Daraus kann man schon erkennen, dass Sokrates ganz anders an seine Rede über den Eros herangehen will. Doch zunächst bittet er Phaidros um die Erlaubnis, bevor er zu reden beginnt, noch eine Frage an Agathon richten zu dürfen. Diese Frage wird sich – wie bei Sokrates nicht anders zu erwarten – als entscheidend für das Folgende erweisen.

Sokrates fragt Agathon, ob man Liebe nicht immer als Liebe zu etwas oder zu jemandem verstehen müsse. Agathon bejaht und muss damit auch zu dem Folgenden seine Zustimmung geben: Jemand, der sich nach der Erfüllung seiner Liebe sehnt, jemand also, der etwas Schönes – und damit etwas Gutes – haben will, ist nicht im Besitz dessen, was er ersehnt. Da Eros aber – wie vorher klargestellt – auf das Schöne bzw. das Gute erpicht ist, kann er es noch nicht besitzen und kann somit kein Gott sein. Denn ein Gott *ist* gut und damit gleichzeitig schön. Damit ist allen vorangegangenen Reden das Fundament entzogen: Eros kann kein Gott sein!

In der gastlichen Atmosphäre des Symposions tritt Sokrates nicht so kämpferisch auf, wie wir ihn aus Platons Frühdialogen kennen. Er baut den anderen Brücken, indem er behauptet, er sei früher auch selbst der Meinung gewesen, Eros sei ein Gott. Und als Agathon schließlich bekennt, augenscheinlich nicht gewusst zu haben, was er daherrede, sagt Sokrates beschwichtigend, dass man einem Sokrates zwar widersprechen könne, nicht aber der Wahrheit.

Nach alldem ist es nur logisch, dass sich Sokrates in seinem eigenen Beitrag auf eine andere Quelle beziehen muss: Er gibt vor, das Folgende in mehreren Gesprächen von der weisen Priesterin Diotima aus Mantineia erfahren zu haben. Dadurch betont er wieder sein eigenes Nichtwissen und schafft sich außerdem die Möglichkeit, seinen Beitrag in Dialogform zu bringen, wie wir das auch sonst von ihm kennen.

Diotima klärt Sokrates im Verlauf der Gespräche darüber auf, dass Eros, auch wenn er nicht gut genannt werden kann, keineswegs schlecht sei. So wie z. B. ein Philosoph weder weise noch unwissend sei, sondern dadurch, dass er nach Weisheit strebe, einem Zwischenbereich angehöre, so sei Eros ein Mittelwesen, ein großer Dämon, dessen Platz im Zwischenbereich zwischen Göttern und Menschen, Unsterblichen und Sterblichen liege. Er strebt nach dem Schönen und damit nach dem Guten. Dieses sein Wesen ist darauf zurückzuführen, dass er den Wohlstand zum Vater und die Armut zur Mutter habe. Seine Bedürftigkeit sei das Erbe seiner Mutter, das Streben nach dem Guten und Schönen das seines Vaters.

Eros strebt also nach dem Guten, mit dem ja nach Platon auch immer alle Haupttugenden – Gerechtigkeit, Besonnenheit, Tapferkeit und Weisheit – eng verbunden sind. Somit sieht Sokrates in Eros, der nach all dem strebt, einen großen Philosophen (204b2ff.). – Der bisherige Irrtum habe darin bestanden, Eros nicht als den Liebhaber zu sehen, sondern als den Geliebten, den man sich als schön vorstellen müsse; denn der Liebhaber Eros liebe ja eben dieses Schöne. Danach strebt er, um glücklich zu werden. Glücklich werden möchte jeder. Doch warum sagt man dann nicht, dass jeder auch „liebt"?

Diotima erklärt, dass Lieben nur eine von vielen Arten ist, etwas zu begehren, also haben zu wollen. Das Wort ἔρως (Eros) hat die Bedeutung erotische Liebe neben vielen anderen Bedeutungen, z.b. Liebe zum Beruf, Liebe zum Sport und Liebe zur Erkenntnis.

Dadurch wird der Liebe zum Körperlichen auch die Liebe zu ideellen Werten an die Seite gestellt. Der Liebhaber liebt nicht nur den schönen Körper, sondern auch die schöne Seele. Im Folgenden spielt Sokrates auf die Rede des Aristophanes an, indem er – von Diotima assistiert – sagt, die Liebe bestehe nicht einfach darin, seine andere Hälfte oder das Ganze zu suchen; wichtig vielmehr sei es, dass dieses Ganze gut sei. So definiert Diotima (206a11f.):

Eros ist das Streben, das Gute ständig zu besitzen.

Doch wie nennt man die Tätigkeit derer, die das Gute für immer anstreben? Sie wollen im Schönen zeugen und gebären. (Das griechische Wort τίκτειν kann man im Deutschen schlecht wiedergeben; denn im Griechischen wird zeugen und gebären durch ein und dasselbe Wort ausgedrückt. Vielleicht könnte man sagen: Sie wollen das Schöne befruchten und es gebären lassen.) Denn alle Menschen gehen entweder im Hinblick auf ihren Körper oder im Hinblick auf ihre Seele schwanger. Zu einem bestimmten Zeitpunkt drängt es sie danach, zu zeugen bzw. zu gebären. Dazu braucht man aber einen anderen schönen Körper oder eine andere schöne Seele. Man könnte sagen: Die Schönheit fungiert als Geburtshelferin.

Zeugen und Gebären ist eine göttliche Sache und bringt in das Leben der Sterblichen etwas Unsterbliches. So kann man sagen, dass Eros nicht schlechthin die Liebe zum Schönen ist, sondern das Streben danach, im Schönen zu zeugen und gebären zu lassen. So gewinnt der sterbliche Mensch auch ein Stück Unsterblichkeit.

Diejenigen, die einer Frau zugetan sind, zeugen mit ihr leibliche Kinder, die für sie Fortsetzung der eigenen Existenz und damit Unsterblichkeit bedeuten. Diejenigen aber, die mehr Zeugungskraft in ihrer Seele haben als in ihrem Körper, befruchten die schöne Seele, die sie gefunden haben; d.h. sie versuchen, den Freund zum Guten zu erziehen, indem sie ihm besonders Weisheit und die anderen Tugenden beibringen, von denen Besonnenheit und Gerechtigkeit die wichtigsten und für die Ordnung in Stadt und Hauswesen bedeutendsten sind. Wer von Jugend an diese Eigenschaften in seiner Seele trägt, ist darauf aus, auch andere in philosophischen Gesprächen zur Einsicht zu führen. – So weit könne Sokrates sicher folgen, sagt Diotima nun; doch ob sie ihn auch in die höchsten Weihen in Sachen Liebe einführen könne, sei nicht sicher. Sie wolle es aber trotzdem versuchen.

Durch diese Vorankündigung wird klar, dass das Folgende – selbst für einen Sokrates – schwer zu verstehen sein wird. Es ist gut, sich hier wieder an das Höhlengleichnis aus dem *Staat* zu erinnern, in dem gesagt wird, dass der Mensch, solange er nicht philosophiert, in einer Schattenwelt lebt, aus der er nur durch große Anstrengungen und mit Unterstützung anderer zum wahren Sein emporsteigen kann. So wird auch hier ein solcher Weg beschrieben: War vorher von Sokrates dem Eros das Gottsein abgesprochen und ihm dafür der Zwischenbereich zwischen Mensch und Gott zugesprochen worden, kommt nun das Göttliche selbst in den Blick. Das Göttliche (Gott) ist dem Schönen und Guten gleichzusetzen. Dadurch, dass Eros die Menschen nach dem Schönen streben lässt, verhilft er ihnen dazu, der Gottheit ansichtig zu werden.

Das geschieht wie im Höhlengleichnis auch hier stufenweise: Wird der Mensch in seiner Jugend zunächst von *einem* schönen Körper angezogen, so wird er eines Tages merken, dass Schönheit vielen Körpern eigen ist, und dabei allmählich dem Wesen der Schönheit näherkommen. Dann wird er die inneren Werte eines Menschen, also seine Seele mehr lieben als seinen Körper und dabei sogar über körperliche Unzulänglichkeiten hinwegsehen. Mit einem solchen Menschen wird er Gespräche führen, die ihn besser machen und ihn zu der Erkenntnis führen, dass alles Schöne miteinander verwandt und körperliche Schönheit nur etwas Vordergründiges ist.

Auf diese Weise könnte es ihm vielleicht einmal gelingen, das Schöne in seiner reinen Gestalt zu sehen. – Wir wissen, dass dieses Schöne gleichzusetzen ist mit dem Guten und dem Wahren und das wiederum mit Gott. Das Leben eines Menschen, der ihn geschaut hat, kann nicht schlecht sein, ein solcher Mensch ist glückselig:

(211e4-212a7:) *Oder bist du nicht der Ansicht, sagte sie, dass es ihm dort allein gelingen kann, indem er das Schöne mit seiner Seele sieht, nicht nur Abbilder der Tugend, sondern wahre Tugend zu erlangen; denn er sieht ja mit seiner Seele auch kein Abbild des Guten, sondern das Gute selbst. Wenn er aber wahre Tugend hervorbringt und heranzieht, dann kommt es ihm zu, von den Göttern geliebt zu werden, und wenn es überhaupt einem Menschen zuteilwird, unsterblich zu werden, dann ihm.* So weit der Beitrag des Sokrates.

Wenn nun, wie in anderen Dialogen, auch im *Symposion* Sokrates das letzte Wort gehabt hätte, hätten wir ihm vielleicht den Sieg im Redeagon zugesprochen, wären aber – was die Bezeichnung Platonische Liebe betrifft – um nichts weitergekommen. Doch hören Sie, wie es im *Symposion* weitergeht:

Gerade als Aristophanes an Sokrates eine Frage stellen will, hört man von draußen Lärm und Flötenspiel. Kurz darauf steht Alkibiades, ein ehemaliger Schüler und Geliebter des Sokrates, in der Tür. Von diesem reichen, intelligenten und schönen Mann ist bekannt, dass er die Lehren des Sokrates in den Wind geschlagen hat und, ohne mit sich selbst ins Reine gekommen zu sein, in die Politik gegangen ist. Nun steht er sturzbetrunken da und muss von der Flötenspielerin und anderen gestützt werden. Auf dem Kopf trägt er einen Kranz, mit dessen Bändern er den Tragödiensieger des Vortages, Agathon, als den Schönsten und Weisesten bekränzen will. Agathon weist ihm den Platz an seiner Seite zu. Auf Sokrates, der zur Seite gerückt ist, wird der Betrunkene erst aufmerksam, als der Gastgeber sagt, Alkibiades solle als Dritter mit ihnen auf der Liege Platz nehmen. Der verrutschte Kranz hatte ihn offenbar an der Sicht gehindert. Aufs Höchste erstaunt, Sokrates auch hier vorzufinden, spielt Alkibiades erst den Verfolgten und Eifersüchtigen: Sokrates habe es auch hier wieder geschafft, sich neben dem Schönsten – nämlich neben Agathon – zu platzieren. Doch dann fordert er von Agathon einen Teil des Kranzes zurück, um auch Sokrates bekränzen zu können; denn dieser habe nicht nur einmal mit seinen Worten gesiegt, sondern tue es ständig.

Alkibiades hat inzwischen gemerkt, dass alle in der Runde noch nüchtern sind, und macht sich deshalb selbst zum Symposiarchen – so nennt man den, der bei einem Trinkgelage die Regeln bestimmt. Er ordert ein mehr als zwei Liter fassendes Trinkgefäß und leert es, ehe er Sokrates dazu auffordert, dasselbe zu tun; denn er weiß aus Erfahrung, dass der Philosoph, soviel er auch trinken mag, nie berauscht sein wird.

Erst jetzt klärt der Arzt Eryximachos den Neuankömmling darüber auf, dass man zuvor reihum Reden zum Lobe des Eros gehalten habe; die Reihe sei nun an ihm, dasselbe zu tun, bevor er selber neue Aufgaben stellen dürfe. Alkibiades hält es nicht für fair, die Rede eines Betrunkenen neben die von Nüchternen zu stellen. Doch dann erklärt er sich bereit, eine Rede, nicht auf Eros, sondern auf Sokrates zu halten. Dieser gibt sich empört darüber, dass Alkibiades ihn lächerlich machen wolle; doch Alkibiades beteuert, nur die reine

Wahrheit sagen zu wollen, und fordert Sokrates dazu auf, ihn immer dann zu unterbrechen, wenn er etwas Unwahres sage.

Alkibiades will Sokrates in Bildern loben, um sein Wesen möglichst wahrheitsgemäß zu treffen. Er vergleicht ihn mit einem Gefäß in Form eines hässlichen Silens mit einer Flöte. – Silene oder Satyrn waren halbtierische Wesen, die zum Gefolge des Weingotts Dionysos gehörten. – Wenn man dieses Gefäß, das dem Sokrates in seiner Hässlichkeit gleiche, aber öffne, enthalte es wunderbare Götterbilder. Besonders gleiche Sokrates aber dem Satyr Marsyas, der mit seinem Flötenspiel alle bezaubert haben soll.

Ihm gleiche Sokrates aber nicht nur äußerlich, sondern auch dadurch, dass er – zwar nicht mit der Flöte, sondern nur mit seinen Worten – alle tief in ihrem Innersten treffe und erschüttere. Auch ihn, sagt Alkibiades, habe er mit seinen Worten bis ins Mark getroffen, so dass er nun eingestehen müsse, sich darüber zu schämen, seinen eindringlichen Worten, mit der er ihm geraten hatte, sich um seine Seele zu kümmern, nicht gefolgt zu sein. Er habe sich hingegen, den schmeichelnden Worten der Menge folgend, lieber mit Politik beschäftigt, ohne vorher mit sich selbst ins Reine gekommen zu sein. Deshalb hasse und liebe er Sokrates zugleich.

Diesem doch sehr intimen Geständnis folgt ein weit intimeres: Alkibiades habe einst gehofft, Sokrates auch körperlich verführen zu können. Er habe ihn umgarnt, wo und wie er nur konnte, und zuletzt sogar eine ganze Nacht in seinen Armen verbracht; allerdings war es eine Nacht, wie er sie auch mit seinem Vater oder seinem Bruder hätte verbringen können. Damals habe er die besonnene Enthaltsamkeit des Sokrates bewundert, zugleich sei er aber davon betroffen gewesen, dass Sokrates seine körperliche Schönheit gering geschätzt habe.

Außer der Besonnenheit und Standhaftigkeit des Sokrates habe er auch seine Tapferkeit bewundert, als er mit ihm zusammen vor

Potidaia – im Peloponnesischen Krieg – im Feldlager sein durfte. Selbst wenn man ihn dort einmal zum Trinken animieren konnte, habe er Sokrates nie betrunken gesehen, was man sicher bei dieser Gelegenheit des Symposions wieder werde feststellen können.

Auch im Feldlager habe Sokrates einen ganzen Tag und eine ganze Nacht lang still dagestanden, um einem Gedanken nachzuhängen. Doch er habe sich auch im Kampf als tapfer erwiesen, so dass er einmal sogar ihn, Alkibiades, aus der Schlacht gerettet habe. Daraufhin habe er die ihm selbst zugedachte Auszeichnung an Sokrates weitergeben wollen. Das hätten aber die Heerführer nicht zugelassen.

Damit hat Alkibiades die Besonnenheit und die Tapferkeit des Sokrates gelobt. Seine Weisheit würdigt er nun dadurch, dass er alles, was er bisher über das Aussehen und das Wesen des Sokrates gesagt hat, nun auch auf sein Reden bezieht. Auch seine Worte erschienen einem, der ihn zum ersten Mal höre, plump und einfältig. Doch wenn man anschließend darüber nachdenke, merke man, dass einzig *seine* Worte Bestand hätten. Sie seien vernünftig und enthielten alles, was einer, der schön und gut werden wolle, wissen müsse.

Nach all diesen lobenden Worten schließt Alkibiades, indem er doch noch einmal an die Kränkung erinnert, die er durch Sokrates erfahren habe, als dieser seine Liebeswerbung missachtete: Vielen anderen sei es ebenso ergangen. Man könne sagen, Sokrates zeige sich nicht wie ein Liebhaber, sondern wie ein Geliebter, der trotz aller Umwerbung zurückhaltend und spröde bleibe. Und so warnt er auch Agathon scherzhaft davor, dem Sokrates ebenso zu verfallen wie er selbst.

Die anderen Zecher gewinnen aus den Worten des Alkibiades den Eindruck, dass er noch immer in Sokrates verliebt ist. Sokrates selbst bemerkt ironisch, dass Alkibiades ganz raffiniert den eigentlichen Zweck seiner Rede erst am Ende habe durchblicken lassen, nämlich ihn mit dem Gastgeber Agathon zu entzweien, in dem Glauben, dass Sokrates nur ihn lieben dürfe.

Es folgt nun ein Geplänkel zwischen den dreien, in dem es um die Sitzordnung geht und darum, wer wen im weiteren Verlauf des Gelages zu loben habe. Da gibt es erneut eine Unterbrechung: Eine große Menge Nachtschwärmer verschafft sich lärmend Einlass, lässt sich häuslich zwischen den Anwesenden nieder und nötigt sie, ohne jede Ordnung Wein in Unmengen zu trinken. Einige Wenige machen sich aus dem Staub. Der Berichterstatter Aristodem wird vom Schlaf übermannt. Als er gegen Tagesanbruch wieder erwacht sei, hätten die meisten noch geschlafen. Agathon, Aristophanes und Sokrates seien als Einzige noch wach gewesen und hätten rechtsherum aus einer großen Schale getrunken. Sie seien in eine Unterhaltung vertieft gewesen, in der Sokrates die beiden anderen davon habe überzeugen wollen, dass es Sache eines und desselben Menschen sei, sowohl Tragödien als auch Komödien zu schreiben.

Zuerst sei dann Aristophanes und wenig später Agathon eingeschlafen. Sokrates aber sei aufgestanden und weggegangen, und der Berichterstatter sei ihm gefolgt. Dann habe Sokrates den Tag wie gewöhnlich verbracht und sei erst am Abend nach Hause gegangen, um sich auszuruhen.

Platon tut alles, um die Worte des Alkibiades authentisch wirken zu lassen: Getreu dem Spruch *Im Wein liegt Wahrheit* gelingt es Alkibiades, der von allem Vorausgegangenen nichts mitbekommen hat, das vorher Diskutierte und besonders die Worte des Sokrates als wahr zu erweisen. Ja, wir sehen sogar Sokrates vor uns als die Verkörperung all dessen, was er selbst vorher über den großen Dämon Eros gesagt hatte.

Sokrates ist der große Liebende, der sich gedrängt fühlt, alle – körperlich und seelisch – Schönen dorthin zu führen, wo er sich selbst befindet, nämlich auf der ernsthaften Suche nach dem Schönen, Wahren und Guten – nach Gott. Als wahrer Philosoph steht er – ebenso wie Eros – zwischen Menschlichem und Göttlichem, Sterblichem und Unsterblichem.

Er hat die Vorstufen des Liebens längst hinter sich gelassen: Das Körperliche ist ihm Anreiz, aber nicht Ziel. Ziel ist es für ihn, besonders die Jugendlichen durch Gespräche zu guten Menschen zu erziehen und damit zu Politikern, die für die Staatsführung das wahrhaft Gute zum Maßstab ihrer Politik nehmen können, nachdem sie es vorher für sich selbst verinnerlicht haben. Und wenn Alkibiades das Gefühl hat, dass Sokrates mehr wie ein Geliebter und nicht wie ein Liebhaber auftritt, dann hebt er ihn mehr in die göttliche Sphäre als den Eros selbst. Denn der Geliebte ist – wie vorher festgestellt – immer schön und damit dem Gott näher als der Liebhaber.

Literatur

Platonis Opera, Bd. 2, ed. Burnet, Oxford 1957

Platon: Werke Bd. 3, ed. Robin/Méridier/Kunz, übers. von Friedrich Schleiermacher, Darmstadt 1974

Platon: Symposion, Griechisch/Deutsch, übers. und hrsg. von Thomas Paulsen u. Rudolf Rehn, Stuttgart 2006

Paul Friedländer: Platon, Bd. 3, Berlin 1960, S. 1 ff.

Konrad Gaiser: Platon als philosophischer Schriftsteller, 2. Vortrag: Äußeres und Inneres der sokratischen Logoi in: Gesammelte Schriften, St. Augustin 2004, S.15 ff.

Carola Reinsberg: Ehe, Hetärentum und Knabenliebe im alten Griechenland, München 1989

Alfred Schäfer: Unterhaltung beim griechischen Symposion, Mainz 1997

Elke Stein-Hölkeskamp: Das römische Gastmahl. Eine Kulturgeschichte, München 2005

Von der Autorin sind in derselben Reihe bei BoD auch folgende Broschüren mit populärwissenschaftlichen Vorträgen erschienen:
- 2010: **Seneca und Plinius.** Zwei Vorträge zu antiken Themen im Stadtmuseum Quakenbrück: Der erste Vortrag bietet eine Einführung in Senecas Philosophie an Hand der Trostschrift an seine Mutter Helvia; der zweite stellt den Jüngeren Plinius vor und hat seine beiden Briefe über den Vesuvausbruch im Jahr 79 zum Schwerpunkt.
- 2011: **Weltall, Erde und Mensch bei Plinius dem Älteren:** Thema sind Leben und Werk Plinius des Älteren. Im Mittelpunkt steht seine große naturwissenschaftliche Enzyklopädie, die *Naturalis Historia*. Nach einem Seitenblick auf die Herstellung eines antiken Buches geht es besonders um die Vorstellungen von Kosmos, Erde und Mensch des ersten nachchristlichen Jahrhunderts, die uns Plinius in seinem Werk vermittelt.

Diese beiden Bände sind 2014 in dem Sammelband mit dem Titel **Seneca – stoischer Betonkopf oder einfühlsamer Lebensberater?** erschienen. ISBN: 978-3-7357-3705-2
- 2012: **Atlantis – Phantom oder Wirklichkeit?** Wie ein Text aus dem vierten vorchristlichen Jahrhundert noch heute die Wissenschaft in Atem hält: ISBN: 978-3-8448-1118-6: Im Mittelpunkt steht die Atlantis-Erzählung des griechischen Philosophen Platon. Die Frage, ob sie auf historisch-geografischen Tatsachen beruht oder eine Fiktion ist, hat schon viele Generationen beschäftigt. Einen besonderen Reiz hat sie für die späteren Interpreten dadurch bekommen, dass die Insel in Folge einer weltweiten Katastrophe an nur einem Tag im Meer versunken sein soll. Diejenigen, die Insel und Katastrophe für historisch halten, haben natürlich die Beweislast und müssen ihre Hypothesen historisch-geografisch und naturwissenschaftlich untermauern.
- 2013: **Weiß auch ich, dass ich nichts weiß?** – Gedanken zu Sokrates und Platon: ISBN: 978-3-8482-5785-0: Anhand der *Apologie des Sokrates* Platons sowie seiner Dialoge *Euthyphron, Theätet, Kriton, Phaidon* und des Höhlengleichnisses aus dem *Staat* wird der Frage nachgegangen, was es mit dem Ausspruch des Sokrates „Ich weiß, dass ich nichts weiß" auf sich hat.

- 2014: **Gerechtigkeit unter der Lupe** – Was wir in Platons *Staat* über Gerechtigkeit und Ungerechtigkeit erfahren: ISBN: 978-3-7322-8403-0: Der Titel dieses Vortrags erklärt sich daraus, dass Sokrates in Platons *Staat* für eine Definition von Gerechtigkeit beim einzelnen Menschen die Gerechtigkeit im Staat quasi als Vergrößerungsglas benutzt. Dafür lässt er vor seinen Zuhörern das Bild eines neuen, eines gerechten Staates entstehen. Gefragt, ob die Verwirklichung eines solchen Staates möglich sei, nennt Sokrates drei Bedingungen: die Gleichberechtigung der Frau, Frauen- und Kindergemeinschaft und die Herrschaft von wahren Philosophen.
- 2015: **Hat das Delphische Orakel den Lyderkönig Krösus falsch beraten?** ISBN: 978-3-7347-6057-0: Über ein Jahrtausend fanden Privatleute und Politiker aus ganz Griechenland und der angrenzenden Welt Rat beim Apollon-Orakel in Delphi. Sie kamen dorthin auf oft langen, beschwerlichen Wegen: zu Pferd, in der Kutsche, auf einem Schiff oder auch zu Fuß. So konnten sie sich lange Gedanken darüber machen, wie sie ihre Fragen an den Gott genau formulieren sollten, und auch schon darüber, wie die Antwort ausfallen könnte. Direkt vor der Befragung fiel ihr Blick in der Vorhalle des Tempels auf die berühmten Sprüche von Weisen, allen voran das „Erkenne dich selbst!". Diese Aufforderung verwies sie in ihre engen Grenzen als unwissende Menschen gegenüber dem allwissenden Gott. In dieser Haltung sollte auch die Antwort, die ihnen die Pythia gab, gedeutet werden.
- 2016: **Quakerich eilte zu Hilfe** – Der pseudohomerische Frosch-Mäuse-Krieg: ISBN: 978-3-7392-3067-2: Der *Frosch-Mäuse-Krieg*, ein kleines Epos von knapp 300 Versen, ist wahrscheinlich in hellenistischer Zeit entstanden. Lange Zeit diente er als Schullektüre; dieser Tatsache verdanken wir, dass das Werk überhaupt auf uns gekommen ist, andererseits gibt es deshalb zahlreiche Varianten, so dass der Text zeitlich schlecht eingeordnet werden kann. In diesem Vortrag geht es auch um die beiden homerischen Epen *Ilias* und *Odyssee*, die im *Frosch-Mäuse-Krieg* parodiert werden.